www.ingramcontent.com/pod-product-compliance
Lightning Source LLC
Chambersburg PA
CBHW030522220526
45463CB00007B/2681
* 9 7 8 1 6 9 0 1 0 3 8 3 7 *